Andere Exleybücher finden Sie auch im Internet unter
www.exley.de

Veröffentlichung in Deutschland im Jahre 2003 durch
Exley Handels-GmbH,
Kreuzherrenstr. 1, D-52379 Langerwehe-Merode

Copyright © Helen Exley 2002
Die moralischen Rechte des Autors sind geltend gemacht.

Textauswahl von Helen Exley
Illustriert von Angela Kerr
Deutsche Übertragung von Hella Hinzmann

ISBN 3-89713-339-3

Eine Kopie der CIP Daten ist bei der BRITISH LIBRARY auf Anfrage verfügbar.

Alle Rechte vorbehalten. Das Werk, einschließlich aller seiner Teile, ist urheberrechtlich geschützt. Jede Verwertung außerhalb der engen Grenzen des Urheberrechtsgesetzes ist ohne schriftliche Zustimmung de Verlages unzulässig. Das gilt insbesondere für die Art von Vervielfältigungen, für Übersetzungen, Mikroverfilmungen, Einspeicherung und Verarbeitung in elektronischen Systemen.

Gedruckt in China

Danksagungen: Die Veröffentlicher sind für die Erlaubnis dankbar, Copyright-Materialien reproduzieren zu dürfen. Obwohl alle Bemühungen unternommen wurden, weitere Copyright-Besitzer zu finde würde sich der Veröffentlicher freuen, von jenen zu hören, die hier nicht aufgeführt sind. EDITORS OF CONARI PRESS: Auszüge aus "The Practice of Kindness" von den Editors of Conari Press, copyright „ 1990 von Conari Press, verwendet mit Genehmigung von Conari Press. SHAK TI GAWAIN: Auszüge aus "Awakening" von Shakti Gawain „ 1991. Nachdruck mit Genehmigung von New World Library, Novato, CA 9494 THICH NHAT HANH: Nachdruck aus "Being Peace" (1987) von Thich Nhat Hanh mit Genehmigung von Parallax Press, Berkeley, California. PAM BROWN: veröffentlicht mit Genehmigung „ Helen Exley 2002.

Innere Werte

EIN HELEN EXLEY
GESCHENKBUCH

Unser großes und ruhmreiches Meisterstück ist es, vernünftig zu leben. Alles andere - herrschen, Reichtümer anhäufen, etwas aufbauen - sind nichts als kleine Zusätze und ....

MICHEL DE MONTAIGNE
(1533-1592)

Ich hatte Träume in meinem Leben, die mich seitdem nicht mehr loslassen und die meine Vorstellungen verändert haben: sie sind durch und durch in mir wie Wein im Wasser und haben die Farbe meines Geistes verändert.

EMILY BRONTE (1818-1848)

*Jemand, der mit dem
Strom schwimmt, sich keine
höheren Ziele stellt,
keine Interessen hat,
keine Überzeugungen, so ein
Mensch ist nur ein "Spielball"
und kein lebendiges Wesen,
ist nur ein Echo,
keine Stimme ...*

HENRI FREDERIC AMIEL
(1821–1881)

DAS WAHRE ICH

Jedesmal, wenn Du nicht Deinem inneren Weg folgst, spürst Du einen Verlust an Energie, an Kraft, ein Gefühl der geistigen Leere.

SHAKTI GAWAIN

Erstrebe die besondere Geisteshaltung, in der Du die tiefsten und lebendigsten Gefühle hast, in der Deine innere Stimme zu Dir sagt: "Das ist mein wahres Ich." Wenn Du diese Haltung gefunden hast, folge ihr.

WILLIAM JAMES

Ein Grund zu leben

Derjenige, der einen Grund zu leben hat, kann beinahe alles irgendwie ertragen.

FRIEDRICH NITZSCHE
(1844-1900)

*Ein Teenager fragte einmal
einen einsamen alten Mann:
"Was ist des Lebens
größte Last?"
Der Alte erwiderte traurig:
"Nichts zu haben,
was man tragen muß."*

AUTOR UNBEKANNT

ICH BIN AUFRICHTIG

*Ich bin aufrichtig, denn da sind jene, die mir vertrauen.
Ich bin redlich, denn da sind jene, die sich um mich sorgen.
Ich bin stark, denn es gibt viel zu leiden.
Ich bin mutig, denn es gibt viel zu wagen.
Ich bin allen Freund, dem Feind und dem ohne Freunde.
Ich gebe das Geschenk und erwarte nichts dafür.*

*Ich bin bescheiden, denn ich kenne meine Schwächen.
Ich schaue auf und lache und liebe und erhebe mich.*

HOWARD ARNOLD WALTER

Das Geheimnis, etwas zu vollbringen, ist zuallererst das tiefe Verlangen, es zu schaffen, dann das Vertrauen und der Glaube, dass es gelingen kann; dann diese deutliche und bestimmte Vision im Bewußtsein und sie Schritt für Schritt wahr werden sehen, ohne einen Gedanken des Zweifels oder Unglaube daran.

EILEEN CADDY

Laß Dein Herz entscheiden

Beziehe alles, woran Du glaubst, in jede einzelne Phase Deines Lebens ein. Laß Dein Herz entscheiden, erwarte das meiste und das beste auch von anderen.

Laß nicht Deine besonderen Eigenschaften und Deine Werte, die Geheimnisse, die nur Du und kein anderer kennt, die Wahrheit laß sie nicht verschlingen von der großen und geschwätzigen Selbstzufriedenheit.

MERYL STREEP, GEB. 1949

Ein erfülltes Leben

Die Kraft, ein erfülltes, reifes, lebenswertes, pulsierendes Leben zu leben in enger Verbundenheit mit allem, was ich liebe: die Erde und ihre Wunder, das Meer, die Sonne ... Dahin möchte ich eintreten, Teil davon sein, darin leben. Daraus lernen, all die

Oberflächlichkeiten und das angelernte Wissen ablegen und ein bewußter, geradliniger Mensch werden. Ich möchte, indem ich mich selbst verstehe, andere verstehen. Ich möchte all das sein, was ich imstande bin zu werden ...

KATHERINE MANSFIELD
(1888-1923)

Prinzipien gibt es schon ewig ...

WILLIAM JENNINGS BRYAN

All das, was für ein erfolgreiches, glückliches und wunderbares Leben nötig ist, ist das Wissen und die Anwendung einiger weniger Grundprinzipien ...

JAMES ALLEN

*Das Geheimnis des Lebens
liegt darin, einen
Dreh- und Angelpunkt
zu finden für ein Konzept,
das Du zu Deinem
Standpunkt machen kannst.*

LUIGI PIRANDELLO

*P*rinzipien haben schon mehr Siege errungen als eine Reiterschar oder Streitmacht.

W. M. PAXTON

Es geschieht immer das, woran Du wirklich glaubst, und der Gedanke daran läßt es geschehen. Ich glaube, es wird nichts geschehen, woran Du nicht gänzlich und zutiefst glaubst.

FRANK LLOYD WRIGHT

Das Merkmal von Mut in unserer Zeit der Anpassung ist die Fähigkeit, zu seinen Überzeugungen zu stehen, weder halsstarrig oder trotzig, noch als Geste der Vergeltung, sondern einfach, weil man an sie glaubt.

ROLLO MAY

Das sollte man tun:
die Erde, die Sonne und die Tiere lieben, Reichtümer verschmähen; jedem Almosen geben, der darum bittet; für die Ungebildeten und die Gebrechlichen aufstehen, Deine Arbeit und Deine Einkünfte auch anderen schenken, Tyrannen hassen ...

WALT WHITMAN (1819-1889)

Wenn wir in die richtige Richtung schauen, ist alles, was wir tun müssen, weiter gehen.

BUDDHISTISCHE WEISHEIT

Viele Menschen erlauben es nicht, dass ihre Prinzipien Wurzeln schlagen, sondern ziehen sie immer wieder heraus, um nachzusehen, ob sie auch wachsen.

HENRY WADSWORTH
LONGFELLOW
(1807-1882)

Die besten Dinge sind Dir am nächsten: der Atem in Deiner Nase, das Licht in Deinen Augen, die Blumen zu Deinen Füßen, die Pflichten auf der Hand, der rechte Weg direkt vor Dir. Greife nicht nach den Sternen, sondern erledige die alltägliche Arbeit im Leben, wie sie kommt. Sei Dir sicher, dass die täglichen Pflichten und das täglich Brot die süßesten Dinge im Leben sind.

ROBERT LOUIS STEVENSON
(1850-1894)

Das Wahre hat sich nicht verändert. Es ist immer noch das Beste, rechtschaffen und ehrlich zu sein; das Beste aus dem zu machen, was man hat; glücklich zu sein bei einfachen Vergnügen und Mut zu haben, wenn etwas schief geht.

LAURA INGALLS WILDER
(1867-1957)

*Bescheiden leben mit wenigen
Mitteln, lieber nach Eleganz
als nach Luxus streben und
nach Gepflegtheit statt Mode.
Würdig sein, nicht ansehnlich,
wohlhabend, nicht reich.
Hart arbeiten, ruhig nachdenken,
gütig reden, offen handeln.
Den Sternen und den Vögeln
mit offenem Herzen lauschen,
den kleinen Kindern und
den Sagen. Alles heiter
ertragen und tapfer tun.*

WILLIAM ELLERY CHANNING
(1780-1842)

Zeige Größe und diene anderen Menschen.

CLAUDE PEPPER

Nichts macht unsere Größe so groß wie der Wunsch zu helfen, der Wunsch zu dienen.

MARIANNE WILLIAMSON

*Es gibt keinen größeren
Heldenmut als lieben
und sich sorgen.*

PAM BROWN, GEB. 1928

*Wir haben unser Auskommen mit
dem, was wir bekommen, und
wir gestalten unser
Leben mit dem, was wir geben.*

NORMAN MACEWAN

*Je länger ich lebe, umso mehr erkenne ich den Einfluß meines Standpunktes auf mein Leben.
Ein Standpunkt ist für mich mehr als nur Fakten.
Er ist wichtiger als die Vergangenheit, als Bildung, Geld, Umstände, als Fehler, Erfolge, als alles, was andere Menschen denken,*

*sagen oder tun.
Er ist wichtiger als
Äußerlichkeiten, Begnadung
oder Erfahrung. Er macht
eine Firma..., eine Kirche...
oder ein Heim aus
oder zerstört sie.*

CHARLES SWINDOLL

DIE KRAFT EINES VERMÄCHTNISSES

... wenn Du etwas wirklich aufrichtig und leidenschaftlich tun willst (rückhaltlos, mit Deinem ganzen aufrichtigen Selbst), geschieht es, indem Du das tust, womit Du am meisten nützt, am meisten gibst und selbst von größtem individuellem Wert bist.

ANNE MORROW LINDBERGH
(1906-2001)

Die Gesamtheit Deiner Kenntnisse sind der Tiefe Deiner Überzeugungen gleich.

WILLIAM F. SCOLAVINO

Ein Mensch mit einem festen Glauben hat eine Kraft wie neunundneunzig andere, die nur Interessen haben.

JOHN STUART MILL

Große Dinge, einfache Dinge

Alle großen Dinge sind einfach, und viele können mit einem einzigen Wort ausgedrückt werden: Freiheit, Gerechtigkeit, Ehre, Pflicht, Gnade, Hoffnung.

Sir Winston Churchill
(1874-1965)

*Die Weisen raten uns, erst dann
zu sprechen, wenn unsere Worte
drei Tore passieren konnten.
Am ersten Tor fragen wir uns:
"Sind diese Worte wahr?"
Wenn ja, lassen wir sie weiter,
wenn nicht, müssen sie zurück.
Am zweiten Tor fragen wir:
"Sind sie nötig?" und am
letzten Tor fragen wir:
"Sind sie freundlich?"*

EKNATH EASWARAN

Unsere tägliche Arbeit

Die einzige wirkliche Genugtuung ist, dass wir die ganze Zeit innerlich wachsen: gerechter werden, wahrhaftiger, großzügiger, einfacher, männlicher, weiblicher, freundlicher, aktiver. Und das werden wir, indem wir jeden Tag unsere tägliche Arbeit tun, so gut wir können.

James Freeman Clarke
(1810-1888)

*Ich glaube, dass arbeiten Liebe in Aktion ist.
Ich habe das Gefühl, dass, wenn mehr Leute über ihre Arbeit und ihr Leben auf diese Weise nachdenken würden, sie so viel schaffen könnten.*

JEANE PINCKERT DIXON

Einfache, grundlegende Werte

Das meiste, was ich wirklich darüber wissen muß, wie man leben sollte, erfuhr ich im Kindergarten. Weisheit gab es nicht am Ende der Schulprüfungen, sondern dort im Sandkasten der Vorschule.

*Dort habe ich gelernt:
Teile alles. Sei fair. Verletze niemanden. Lege die Sachen dorthin zurück, wo Du sie hergenommen hast. Räume alles wieder auf. Nimm nichts, was Dir nicht gehört. Entschuldige Dich, wenn Du jemanden beleidigt hast. Wasch` Dir vor dem Essen die Hände. Lerne zu begreifen. Zeichne und male, singe und tanze, spiele und arbeite jeden Tag.*

ROBERT FULGHUM

Gleichgültigkeit

Die heißesten Plätze in der Hölle sind für jene reserviert, die in Zeiten einer moralischen Krise ihre Neutralität aufrecht erhalten.

DANTE ALIGHIERI
(1265-1321)

*Der Komplize im
Korruptionsverbrechen ist
regelmäßig unsere eigene
Gleichgültigkeit.*

BESS MYERSON, IN CALIERE SAFRAN,
"IMPEACHMENT" REDBOOK, 1974

*Gleichgültigkeit ist der
unsichtbare Riese
in der Welt.*

OUIDA, AUS: "WISDOM,
WIT AND PATHOS", 1884

Leben in Harmonie und Reinheit ist das höchste Gut für Dich und unsere Erde.

DEEPAK CHOPRA, GEB. 1947

Der große Geist befahl mich hierher ... um Sorge zu tragen für das Land und dass niemandem Böses geschehe.

YOUNG CHIEF

*Es gibt nur eine Pflicht
- glücklich zu sein.*

DENIS DIDEROT (1713-1784)

Wenn wir nicht glücklich sind, wenn wir nicht friedvoll sind, können wir auch Glück und Frieden nicht mit anderen teilen ... Wenn wir friedvoll sind, wenn wir glücklich sind, können wir lächeln und wie eine Blume erblühen, und jedem in unserer Familie und unserer Gesellschaft wird unser Frieden zugute kommen.

THICH NHAT HANH, AUS
"SUFFERING IS NOT ENOUGH"

Ein lebenswertes Leben

Der stärkste Trost, auf den man zurück kommen kann, ist der Gedanke, dass es das Geschäft seines Lebens ist, mit kleinen Mitteln

die Summe der Ignoranz, des Verfalls und des Unglücks auf dem Antlitz dieser wunderbaren Erde zu reduzieren.

GEORG ELIOT
(MARY ANN EVANS)
(1819-1880)

In uns sollte immer jener Friede sein, der immer unvoreingenommen zuhört.

ROMANO GUARDINI

Wenn Du das Gute im Menschen siehst, verbreitest Du eine harmonische, liebenswerte Energie, die alle um Dich herum aufrichtet. Wenn Du diese Gewohnheit beibehältst, wird sich die Energie in einen beständigen Fluß der Liebe verwandeln.

ANNAMALAI SWAMI

*E*in leichter Regenschauer macht das Gras schon viele Nuancen grüner. So nehmen auch unsere Aussichten Einfluß auf hellere Gedanken. Wir sind gesegnet, wenn wir immer in der Gegenwart leben und den Nutzen ziehen aus jedem Mißgeschick, das über uns kommt, so wie das Gras, das den Einfluß des kleinsten Tautropfens zugesteht, wenn

*wir nicht unsere Zeit damit
verschwenden, zu büßen für
die Nichtachtung der
vergangenen Gelegenheiten,
was wir unsere Pflicht nennen.
Wir verweilen noch im Winter,
während es schon Frühling ist.*

HENRY DAVID THOREAU
(1817-1862)

Vision

*Eine Vision ohne Aufgabe
ist nichts als ein Traum.
Ein Traum ohne Vision ist
nur eine Schinderei.
Eine Vision mit einer Aufgabe
kann die Welt verändern.*

ERKLÄRUNG ZUR GLOBALEN
ZUSAMMENARBEIT FÜR EINE BESSERE
WELT. GIPFEL MBU,
RAJASTAN, INDIEN, 1989

*Und wer bist Du?
Bist Du einfach der Mensch
aus Fleisch und Blut,
der jeden Tag vor Dir im
Spiegel steht?
Oder bist Du mehr,
viel mehr, als Du je für
möglich hältst?
Diese Verbindung in
sich ist Deine Lebenslinie
zur unbegrenzten
Möglichkeit.*

KATHLEEN VANDE KIEFT

Güte

Güte ist ein göttlicher
Charakterzug:
nichts ist so stark
wie Güte und nichts so
gütig wie wahre Stärke.

RALPH SOCKMAN

Ich habe das Gefühl, dass es nichts anderes im Leben gibt außer andere nicht zu verletzen, und jene zu trösten, die traurig sind.

OLIVE SCHREINER, AUS:
"THE LETTERS OF OLIVE
SCHREINER 1876-1920"

Auf gütige Art kannst Du die Welt erschüttern.

MAHATMA GANDHI (1869-1948)

Wahrer Mut

Wahrer Mut ist nicht die brutale Gewalt gewöhnlicher Helden, sondern der feste Vorsatz von Tugend und Vernunft.

ALFRED NORTH WHITEHEAD

Mut ... ist nicht weniger als die Kraft, Gefahren, Unglück, Angst und Ungerechtigkeit zu überwinden, während man sich im Innersten immer wieder versichert, dass das Leben mit all seinen Sorgen gut ist; dass alles bedeutungsvoll ist, selbst wenn es auf eine Art außerhalb unseres Verstehens ist, und dass es immer ein morgen gibt.

DOROTHY THOMPSON

Offen für das Leben

Alles, was Lebendigkeit, Offenheit und Aktivität ist, ist gut. Alles, was Trägheit, Leblosigkeit und Trostlosigkeit ist, ist schlecht.

D. H. LAWRENCE (1885 -1930)

Ist es nicht eine so kleine Sache, sich an der Sonne zu erfreuen, das Leben im Frühling zu genießen, zu lieben, zu denken, zu tun; wahre Freunde zu haben und hinderliche Feinde zu besiegen?

MATTHEW ARNOLD (1822-1888)

ICH GLAUBE

Ich glaube an die ewige Bedeutung der Familie als die fundamentale Institution der Gesellschaft. Ich glaube an die unermesslichen Möglichkeiten eines jeden Jungen und Mädchens. Ich glaube an die Vorstellungen, das Vertrauen, die Hoffnungen und Ideale in allen Kinderherzen. Ich glaube an die Schönheit der Natur, der

*Kunst, der Bücher und der
Freundschaft.
Ich glaube an die Erfüllung
der Pflicht. Ich glaube an
die kleinen heimischen
Freuden des täglichen Lebens ...*

OZORA DAVIS

Ein Lebenstraum

Weit weg im Sonnenlicht sind meine höchsten Sehnsüchte. Ich werde sie nicht erreichen, aber ich werde aufschauen und ihre Schönheit sehen, an sie glauben und versuchen, ihnen zu folgen.

LOUISA MAY ALCOTT

*Es ist kein Unglück,
mit unerfüllten Träumen
zu sterben, aber es ist ein
Unglück, nicht zu träumen ...
Es ist keine Schande, nicht
nach den Sternen
zu greifen, aber es ist
eine Schande, keine Sterne
zum Greifen zu haben.*

BENJAMIN MAYS

Weil wir sterblich sind, wird jedes Talent, jede Erfahrung, jedes Können, was wir haben, jeder Gedanke und jedes Gefühl, was je in uns ist, jede schöne Aussicht, die wir je erleben, alle materiellen Güter, die uns gehören, verloren sein. Wenn wir sie nicht mit

anderen teilen. Wenn wir nicht das, was wir haben, anderen geben, unserem Ehepartner, unserem Kind, unseren Freunden und Nachbarn, den Fremden auf unserem Weg, denn was wir wissen und schätzen, wird unwiderruflich und gänzlich weg sein.

THE EDITORS OF
CONARI PRESS AUS:
"THE PRACTICE OF KINDNESS"

REICHER LOHN

Was Du bist, das kommt zu Dir.

RALPH WALDO EMERSON
(1803-1882)

Ich habe gelernt, dass das Lebenswerk durch die Arbeit und das Leben wächst. Tue es, als ob Dein Leben davon abhängt, und das erste, was Du erkennst, ist, dass Du damit Dein Leben gemacht hast. Und zwar ein gutes Leben.

THERESA HELBURN

Keine gefällige Philosophie,
keine Sinnlichkeit, kein Ort
und keine Macht,
kein materieller Erfolg
kann für einen Augenblick
eine solche innere
Befriedigung bringen wie
das Gefühl, für einen guten
Zweck zu leben.

MINOT SIMONS

Ein erfolgreicher Tag

Wenn ich zu Diensten war, wenn ich mehr von der Natur und dem Wesen des grundlegend Guten erhascht habe, wenn es mich inspiriert hat, weitere Horizonte im Denken und Handeln zu erreichen, wenn ich mit mir eins war, dann war es ein erfolgreicher Tag.

ALEX NOBLE

Was ist ein Helen Exley Geschenkbuch?

Helen Exley macht schon seit 26 Jahren Geschenkbücher und ihre Leser haben schon achtundvierzig Millionen Exemplare ihrer Bücher in über 30 Sprachen gekauft.
Weil alle ihre Bücher Geschenke sind, scheut sie keine Kosten, sicher zu stellen, dass jedes Buch so besinnlich und bedeutungsvoll wie möglich als Geschenk ist: gut zu verschenken und gut zu bekommen. Der Gedanke persönlicher Werte ist sehr wichtig in Helen Exleys Leben. Deshalb hat sie jetzt mehrere Titel zu diesem Thema geschaffen.

Die Mitglieder ihres Teams helfen, beschauliche Zitate aus vielen hundert Quellen auszusuchen. Dann werden die Bücher persönlich von ihr zusammengestellt. Mit unendlicher Mühe sorgt Helen dafür, dass jede Seite individuell gestaltet wird, um die Worte zu verstärken und dem ganzen Buch wirkliche Tiefe und Bedeutung zu geben.

Das Ergebnis haben Sie in der Hand.
Wenn Sie es als wertvoll empfinden
sagen Sie es weiter. Wir stecken das Geld
lieber in mehr gute Bücher, als es
zu verschwenden für Werbung, wenn es eine
solche Kraft auf Erden gibt wie
die persönliche Empfehlung von Freunden.

Andere Exleybücher finden Sie auch im Internet
unter **www.exley.de**

EXLEY GESCHENKBÜCHER
Kreuzherrenstrasse 1
D-52379 Langerwehe-Merode